ANTICHI SEGRETI PER BAMBINI

LIBRO DA COLORARE E DI ATTIVITA'
Ispirato al Dott. Naram, al Dott. Clint G. Rogers, e al libro "Antichi Segreti di un Maestro Guaritore"

Copyright © 2023 by Wisdom of the World Press

Il ricavato andrà a favore della Fondazione Ancient Secrets

Design e Contenuti di: Dr. Clint G. Rogers & Heidi M. Aden

ISBN: 978-1-952353-92-5

Tutti i diritti riservati.

Nessuna parte di questo libro può essere riprodotta in qualsiasi forma senza permesso scritto da parte dell'editore o dell'autore, tranne eccezioni consentite dalla legge USA sul copyright.

Prima edizione stampata nel 2022 in USA.

www.MyAncientSecrets.com

QUESTO LIBRO APPARTIENE A:

Nome: _____ Età: _____

CHI SONO IO?
Usa lo spazio qui sotto per disegnare te stesso.

"Non sono venuto per insegnarti.
Sono venuto per amarti.
L'amore sarà il tuo maestro."

Il Dott. Naram è stato un grande guaritore che ha aiutato milioni di persone in tutto il mondo usando Antichi Segreti dalla natura. Prima di morire egli passò quei segreti ai suoi studenti, tra i quali c'era il Dott. Clint G. Rogers, che ne raccolse molti in un libro intitolato "Antichi Segreti di un Maestro Guaritore".

Il libro è stato tradotto in oltre 30 lingue in modo che persone di tutto il mondo potessero apprendere quei segreti di salute e felicità.

Vuoi imparare anche tu qualcosa sui segreti di salute e felicità?

In questo libro da colorare e di attività, puoi anche imparare molti di quei segreti!

Dott. Clint G. Rogers e Dott. Pankaj Naram

L'importanza di sapere quello che desideri

Il figlio del Dott. Naram, Krushna Naram, condivide un po' di saggezza che il padre gli ha trasmesso nel corso degli anni.

Una delle cose più importanti per aiutarti ad ottenere una vita sana ed equilibrata è sapere quello che desideri.

"Antichi Segreti di un Maestro Guaritore", pag. 6

Dott. Naram e Krushna Naram

CHE COSA DESIDERI?

1)

2)

3)

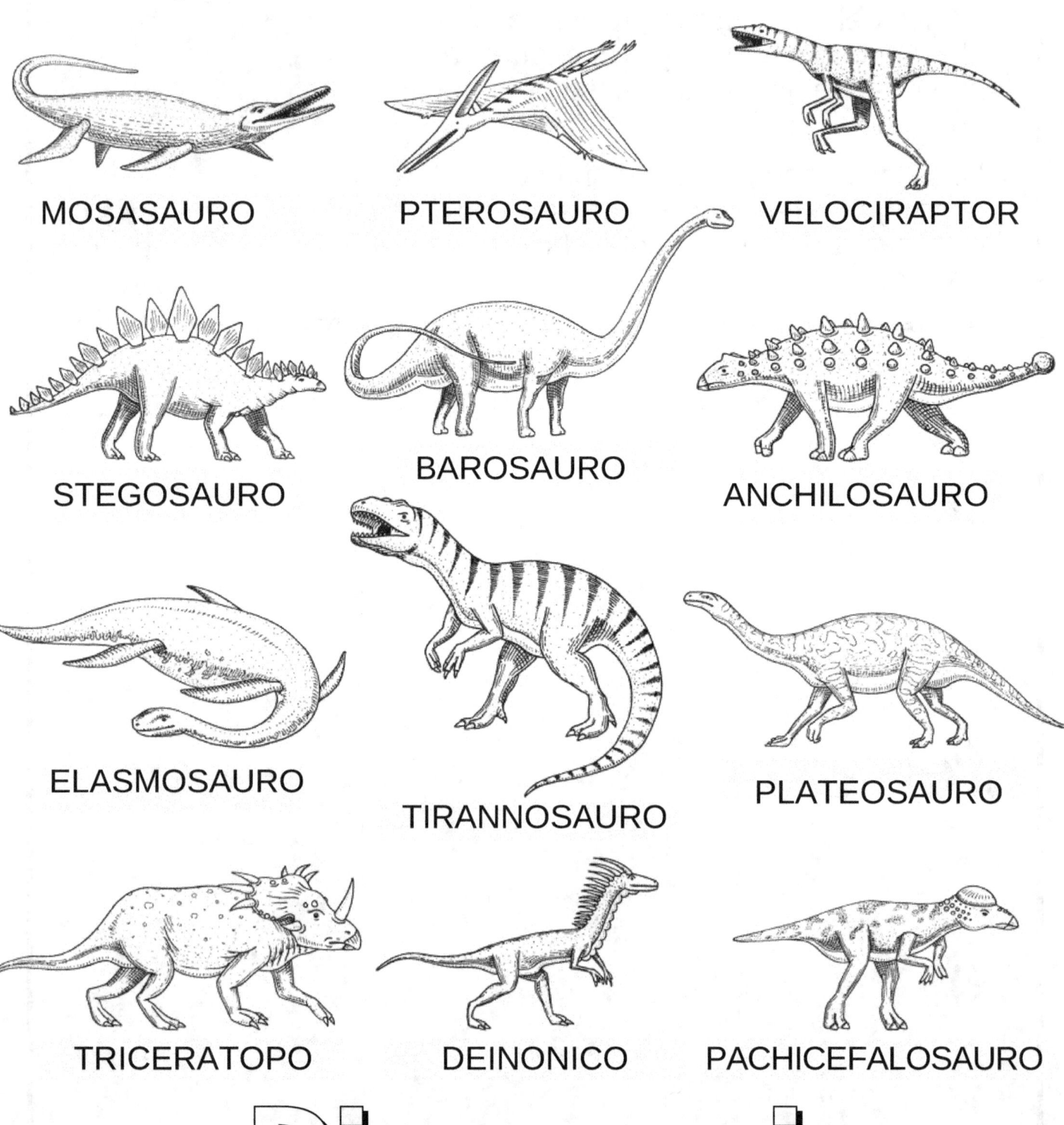

Tirannosauro

Brachiosauro

Un regalo dal cuore...

Quando questi due ragazzi hanno saputo dei bambini orfani in difficoltà, hanno sentito un grande desiderio di aiutarli. E non solo hanno deciso di donare i loro risparmi per aiutare a sostenerli, ma hanno donato anche la loro fantastica collezione di dinosauri! Facendo questo, essi hanno ispirato molti altri adulti e ragazzi a donare con il cuore. Il Dott. Naram e il Dott. Clint hanno avuto l'onore di recapitare i dinosauri ai bambini orfani in Nepal, insieme a tutto l'amore da parte dei due ragazzi. Molti altri sono stati spronati a donare quando sono venuti a conoscenza del loro gesto. É fantastico cosa può accadere quando ci lasciamo guidare dall'amore!

Jonathan e George Simon (al centro) con la loro madre, il Dott. Naram, il Dott. Clint, e il loro padre

Il Dott. Naram e alcuni bambini orfani mentre condividono e giocano con i dinosauri donati da Jonathan e George Simon. Ancient Secrets Foundation aiuta orfani come questi in tutto il mondo.

Tartruga Marina

Il più antico fossile di tartaruga marina conosciuto ha almeno 120 milioni di anni di età. Questo significa che esse hanno condiviso il pianeta con i dinosauri che si estinsero circa 65 milioni di anni fa.

Che cosa desideri...
Essere un astronauta ed esplorare l'universo?

Astronauta

Che cosa desideri...
Essere un cantante o un musicista?

Musica

"La musica è vita. Ecco perché i
nostri cuori hanno i battiti"
-- Cecily Morgan

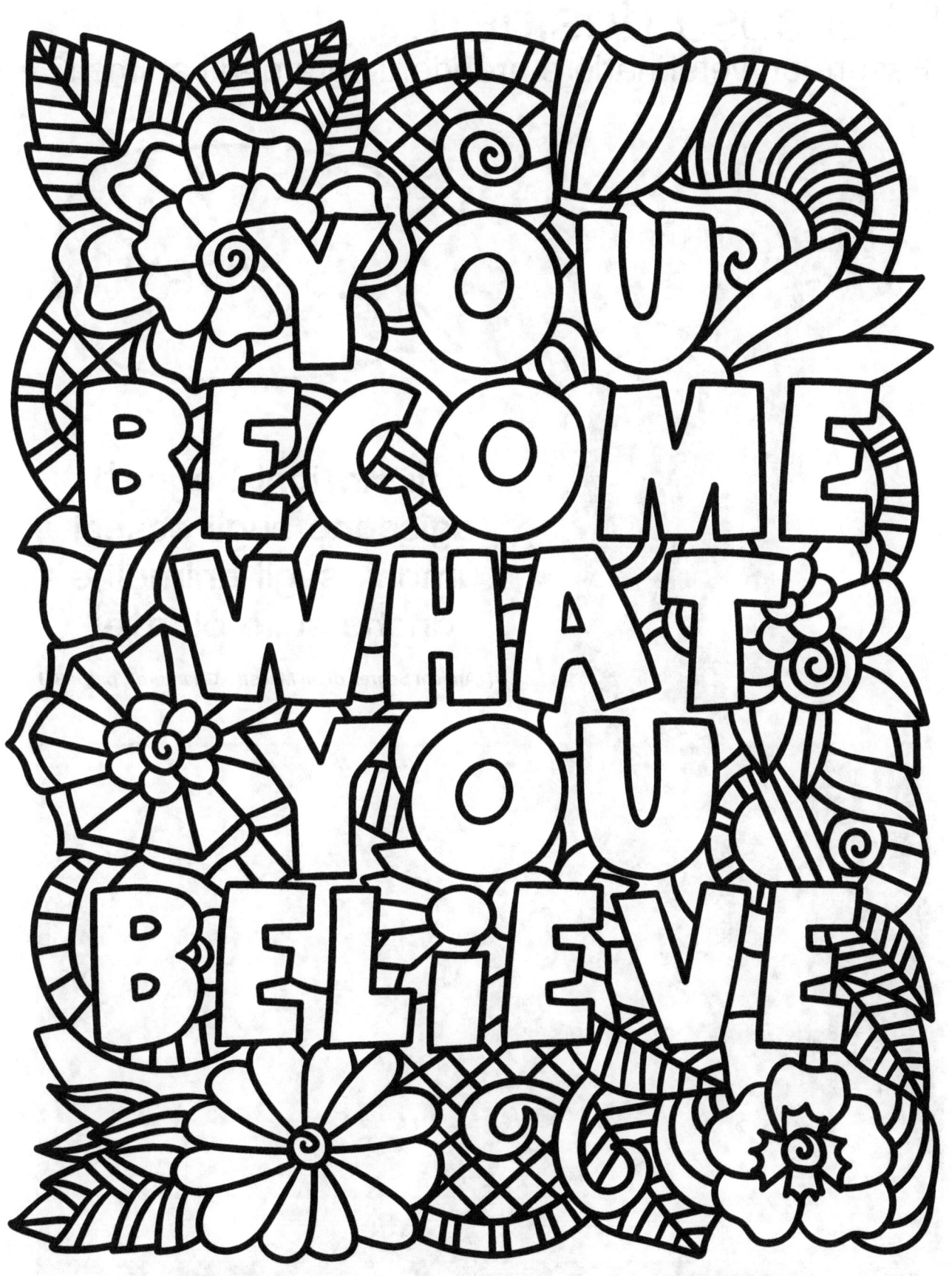

Diventi ciò in cui credi

Che cosa desideri...
Essere un veterinario e prenderti cura degli animali?

Lo sapevi?

Gli Antichi Segreti agiscono sugli esseri umani, sugli animali e anche sulle piante!

("Antichi Segreti di un Maestro Guaritore", pag. 181)

Il Maestro Guaritore Dott. Pankaj Naram cura con l'ascolto del polso l'elefante Laxmin, il Gigante Buono

Lo sapevi?
Gli elefanti sono ottimi nuotatori e possono ascoltare con i piedi.

Il Maestro Guaritore Dott. Pankaj Naram ascolta il polso a una tigre reale del Bengala.

Lo sapevi?

Le tigri sono animali molto adattabili e intelligenti con la memoria a breve termine più lunga tra tutti gli animali, compresi gli umani.

Il Maestro Guaritore Dott. Pankaj Naram ascolta il polso a un leone, il re della giungla.

Il Maestro Guaritore Dott. Pankaj Naram ascolta il polso a un leopardo.

Il Maestro Guaritore Dott. Pankaj Naram ascolta il polso a un pitone gigante.

Tigri

Le tigri sono i più grandi felini del mondo, raggiungono i 3,30 metri di lunghezza e oltre 303 chilogrammi di peso!

Leone

I leoni africani sono stati ammirati nel corso della storia come simboli di coraggio e forza.

Dr. Giovanni Brincivalli
IN SOCCORSO!

Il Dott. Naram con il Dott. Giovanni

Il Dott. Giovanni è uno degli amici stretti e colleghi del Dott. Naram. Un giorno il Dott. Giovanni è stato contattato da un allevatore perché le sue api si erano ammalate. Un parassita distruttivo le aveva infettate con un virus ed esse avevano smesso di produrre il miele e avevano iniziato a morire.

Il Dott. Giovanni fece alcune ricerche e apprese che quel tipo di infezione rende le api deboli, le fa smettere di volare e alcune perdono la peluria. Il Dott. Giovanni ricordò che il Dott. Naram aveva trattato pazienti con i rimedi di antichi segreti per l'immunità e la perdita di capelli. Insieme all'apicultore tritò alcune erbe del Dott. Naram, le miscelò con il miele e le diede alle api come nutrimento. Poco tempo dopo l'apicultore chiamò il Dott. Giovanni e gli disse che la peluria delle api stava ricrescendo e le api apparivano più sane e più forti.

("Antichi Segreti di un Maestro Guaritore", pag. 187)

Il motivo per cui le api sono così rumorose è perché battono le ali 11.400 volte in un minuto!

Aiuta l'apicoltore a raggiungere l'alveare

Usa la tua immaginazione per decorare il nido d'ape con i tuoi colori e disegni preferiti.

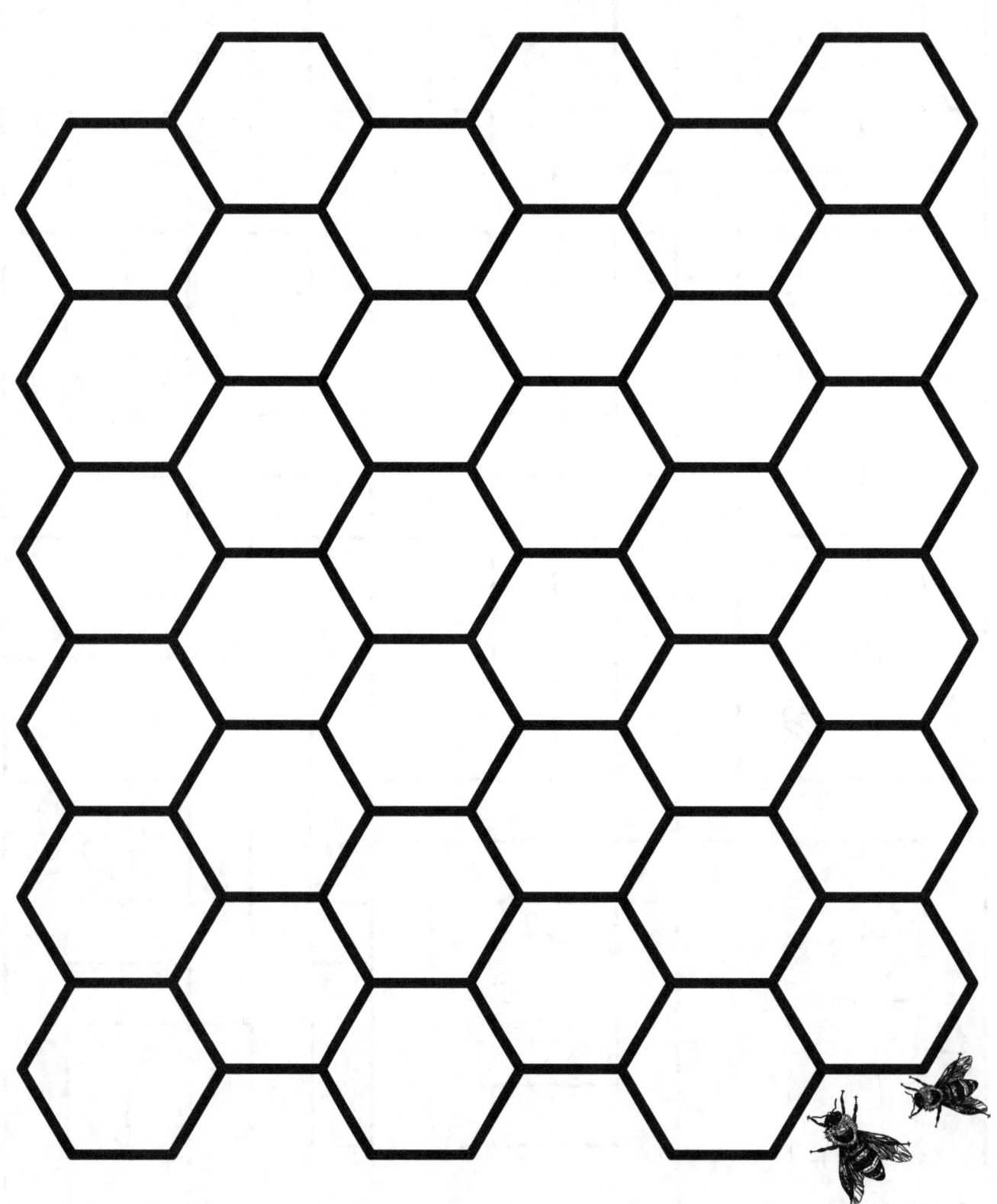

Gli antichi segreti di guarigione funzionano sugli esseri umani, sugli animali, e persino sulle piante! Ma come?

("Antichi Segreti di un Maestro Guaritore", pag. 189)

Il Dott. Naram diceva che ci sono 6 Chiavi Segrete nel Siddha-Veda:

1) Dieta
2) Preparazioni erboristiche
3) Rimedi casalinghi
4) Marma Shakti
5) Stile di vita
6) Le Panchkarma or Asthakarma

"Il Siddha-Veda prevede sei chiavi segrete per una guarigione profonda, che possono trasformare il corpo, la mente e le emozioni di chiunque."

("Antichi Segreti di un Maestro Guaritore", pag. 81)

Chiave degli Antichi Segreti 1: Dieta

"Ogni cosa può essere sia un veleno sia una medicina, dipende da come la si usa."

Jivaka, antico medico di Buddha

Dieta - Quello che mangi e quello che eviti di mangiare possono aiutarti ad essere in salute e felice.

("Antichi Segreti di un Maestro Guaritore", pag. 55)

Qual è il tuo frutto preferito?

"Se puoi cambiare il tuo cibo, puoi cambiare il tuo futuro" - Dott. Naram

("Antichi Segreti di un Maestro Guaritore", pag. 172)

La miracolosa zuppa di fagioli mung

MLa zuppa di mung è uno dei tanti potenti strumenti condivisi dal dott. Naram e dal libro Antichi Segreti di un Maestro Guaritore.

Perché mangiare la zuppa di mung?

I fagioli mung sono un alimento stupefacente! Quando mangiate questo super cibo il vostro corpo ne trae diversi benefici:

- Aiuta a bilanciare tutti i tipi di corpi (tutti e 3 i dosha: Vata, Pitta e Kapha)
- Aiuta a rimuovere le sostanze nocive che si accumulano e intasano l'interno del nostro corpo (chiamate tossine, o 'aam').
- Aiuta il nostro corpo a guarire velocemente (soprattutto con verdure verdi cotte)
- Ha potere riappacificante con vitamine, minerali e proteine (una delle migliori fonti a base vegetale!)
- Tanti altri benefici incredibili - il tuo corpo ti amerà per questo!

Alla fine di questo libro troverete la ricetta della zuppa di mung del Dott. Naram!

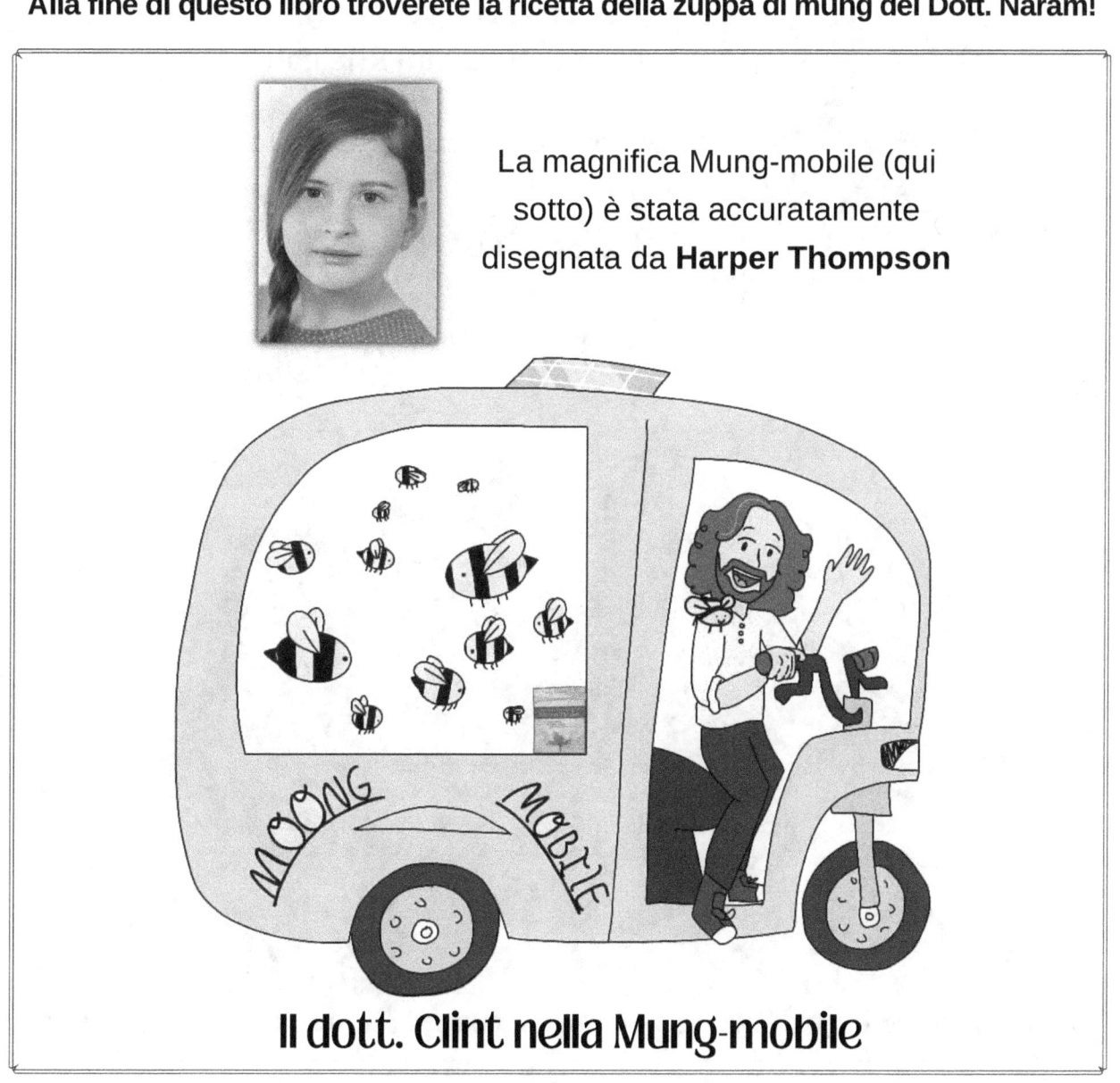

La magnifica Mung-mobile (qui sotto) è stata accuratamente disegnata da **Harper Thompson**

Il dott. Clint nella Mung-mobile

Informazioni Nutrizionali fagioli mung

Una tazza (202 grammi) di fagioli mung bolliti contiene (riferimento):

Calorie: 212
Grassi: 0.8 grammi
Proteine: 14.2 grammi
Carboidrati: 38.7 grammi
Fibre: 15.4 grammi
Acido folico (B9): 80% della dose giornaliera di riferimento (RDI)
Manganese: 30% della RDI
Magnesio: 24% della RDI
Vitamina B1: 22% della RDI
Fosforo: 20% della RDI
Ferro: 16% della RDI
Rame: 16% della RDI
Potassio: 15% della RDI
Zinco: 11% della RDI
Vitamine B2, B3, B5, B6 e selenio

Zuppa di Fagioli Mung

Opera di **Maryam Khalifah**

MaryamArtIllustration.com

Non sono venuto per insegnarti. Sono venuto per amarti. L'amore sarà il tuo maestro. – Dott. Pankaj Naram

Chiave degli Antichi Segreti 2: Formule erboristiche

Formule erboristiche - queste formule sono preparate con piante e spezie che gli antichi maestri sapevano miscelare e utilizzare per aiutare le persone. Queste formule erboristiche funzionano ancora oggi e ci aiutano a rimanere sani o a sentirci meglio quando siamo malati.

Chiave degli Antichi Segreti 3: Rimedi casalinghi

Gli Antichi Segreti che hanno aiutato le api possono aiutare anche voi?

Alcuni dei migliori rimedi possono essere preparati nella vostra cucina. Ecco il rimedio casalingo degli Antichi Segreti che può aiutare a migliorare le vostre difese immunitarie in modo di ammalarvi di meno e di recuperare più rapidamente.

Rimedio Casalingo per le difese immunitarie*

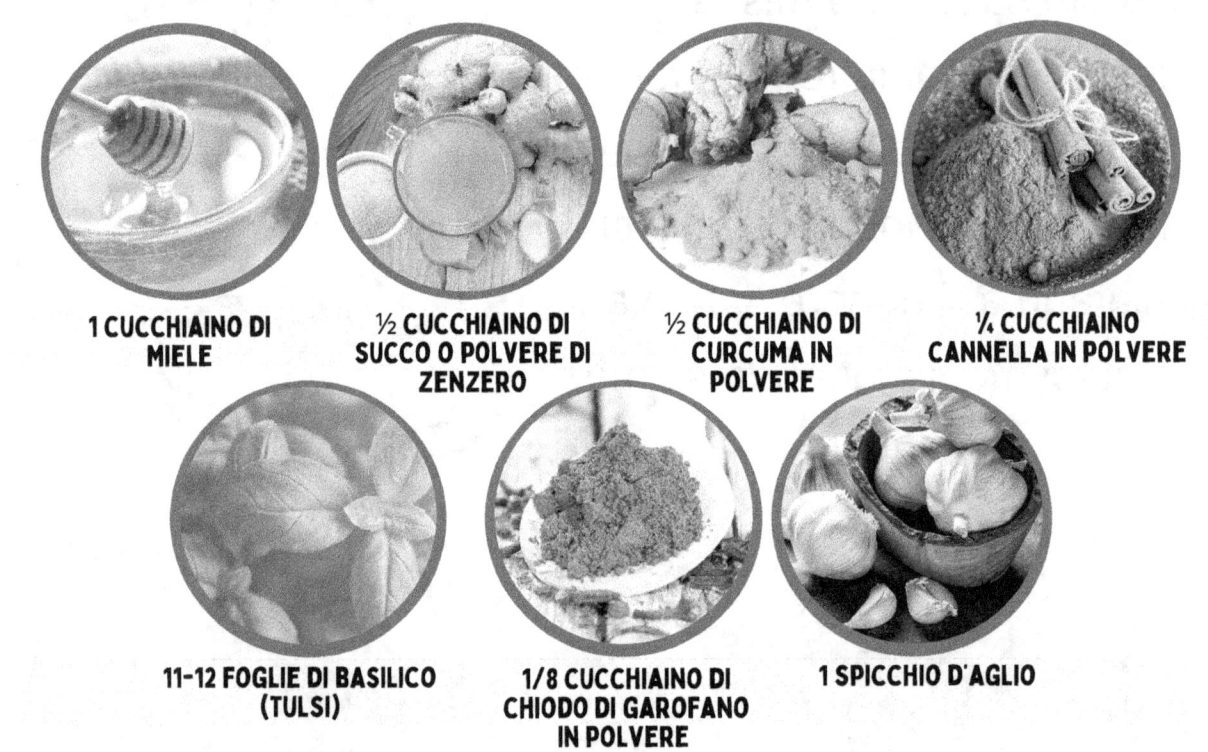

- 1 CUCCHIAINO DI MIELE
- ½ CUCCHIAINO DI SUCCO O POLVERE DI ZENZERO
- ½ CUCCHIAINO DI CURCUMA IN POLVERE
- ¼ CUCCHIAINO CANNELLA IN POLVERE
- 11-12 FOGLIE DI BASILICO (TULSI)
- 1/8 CUCCHIAINO DI CHIODO DI GAROFANO IN POLVERE
- 1 SPICCHIO D'AGLIO

Mescolare tutti gli ingredienti in mezzo bicchiere di acqua calda e assumere 2-4 volte al giorno.

*Note:
- Lo spicchio d'aglio è opzionale (se per motivi religiosi evitate l'aglio, non usatelo).
- Alcuni raccomandano di non dare il miele ai bambini sotto 1 anno di età.
- Si prega di leggere la dichiarazione di non responsabilità in campo medico all'ultima pagina.

("Antichi Segreti di un Maestro Guaritore", pag. 293)

Chiave degli Antichi Segreti 4: Marma Shakti

Gli antichi maestri conoscevano i punti energetici del corpo. Quando questi punti vengono pressati, possono aiutarvi in diversi modi.

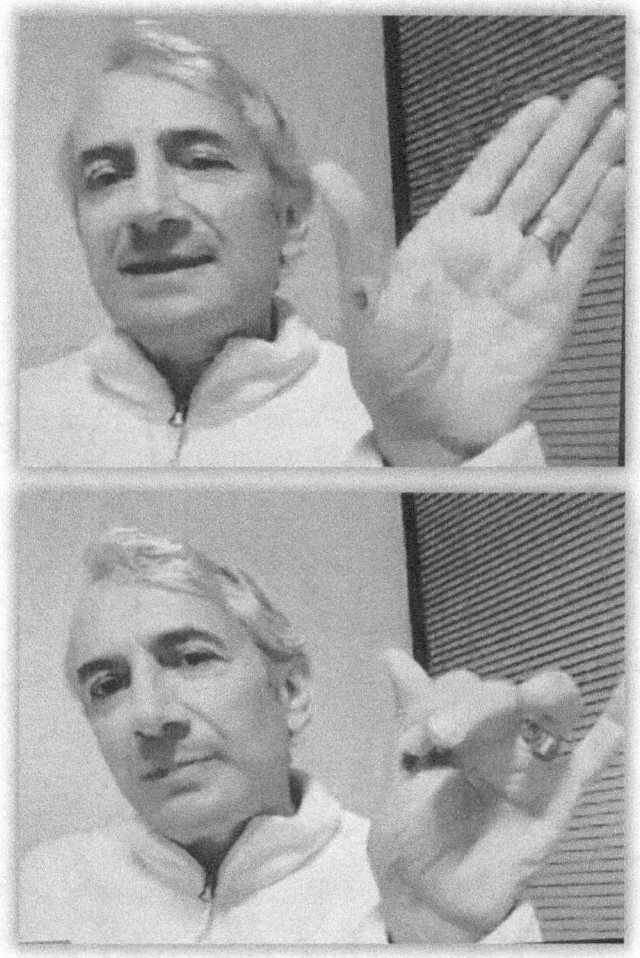

Foto 1

Foto 2

Il Dott. Giovanni condivide il punto Marma Shakti per migliorare la memoria e la concentrazione.

Nella foto 1: Notare il punto sul pollice sinistro del Dott. Giovanni - questo è il punto da premere con fermezza.

Nella foto 2: Piegare il primo dito sulla mano sinistra verso il basso e premere questo punto fermamente per 6 volte. Fare questo 6 volte durante il giorno.

*Per scoprire molti punti Marma Shakti che possono aiutare in diverse cose, vedere "Antichi Segreti di un Maestro Guaritore"

Chiave degli Antichi Segreti 5: Stile di vita

Prendersi del tempo per fare movimento, dormire correttamente, meditare e/o pregare; anche la scelta di chi avere come tuoi amici può avere un impatto sulla tua salute e felicità.

Prendersi del tempo per meditare – questo aiuta a tenere in equilibrio corpo, mente e anima.

Chiave degli Antichi Segreti 6: Panchakarma ou Asthakarma

PANCHAKARMA è un processo antico che richiede diverse settimane e comporta cambiamenti nutrizionali, massaggi e altro ancora.

Questo processo può aiutare a pulire il nostro corpo dalle tossine e a sentirsi più sani ed energici.

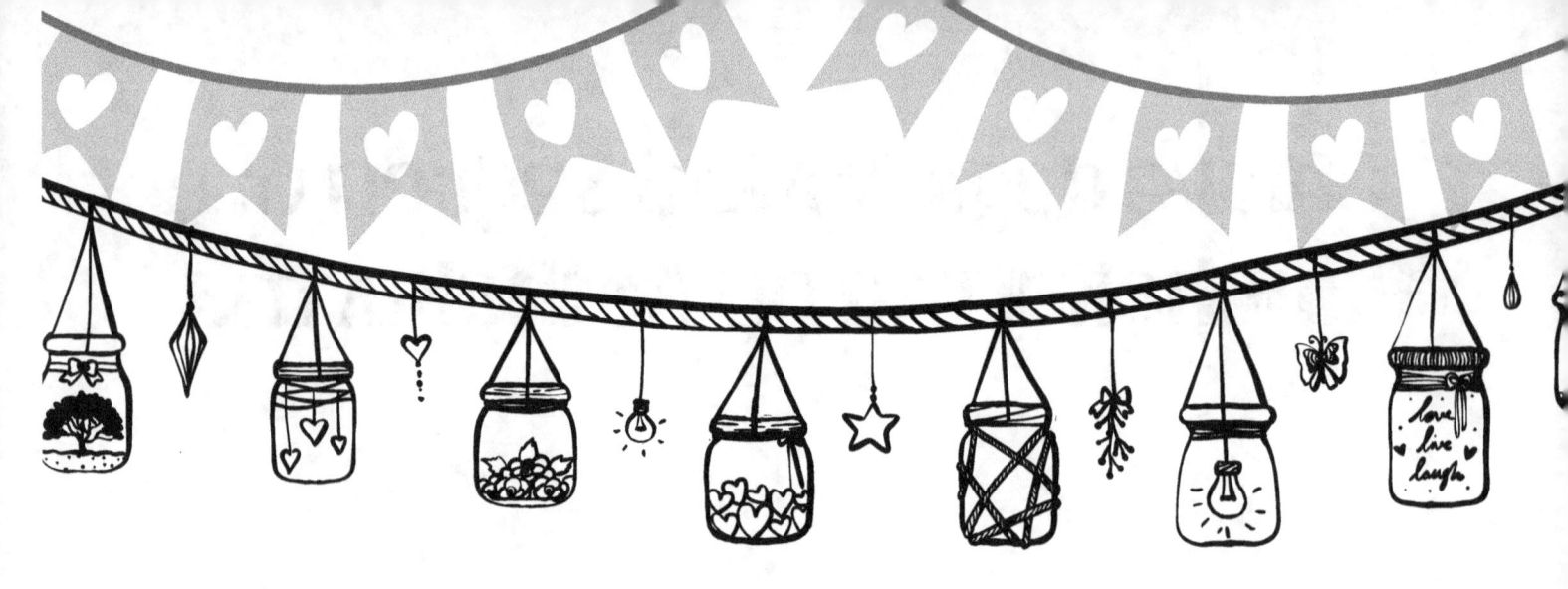

Un Antico Segreto è praticare:

“Atithi Devo Bhava”

atithi devo bhava

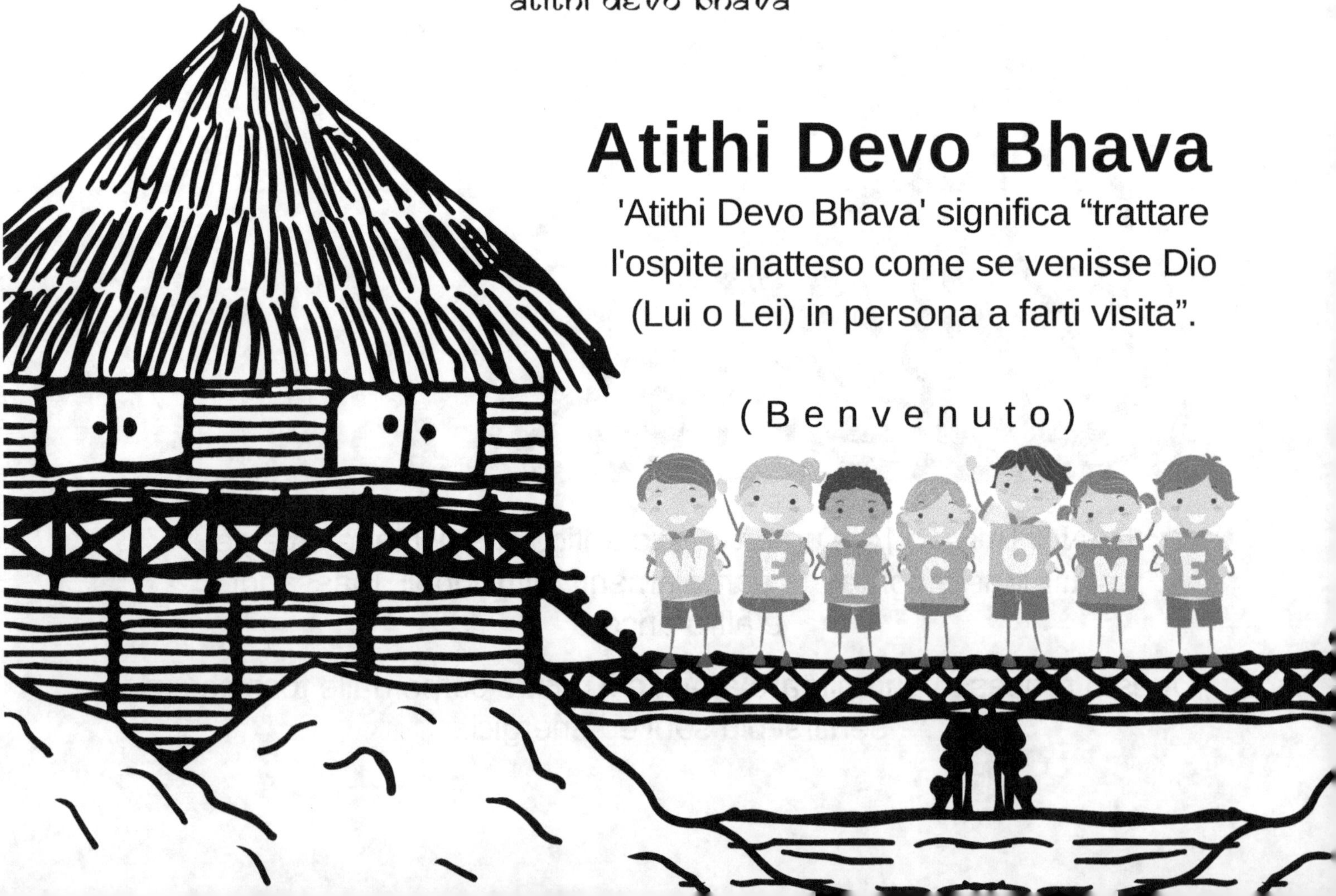

Atithi Devo Bhava

'Atithi Devo Bhava' significa “trattare l'ospite inatteso come se venisse Dio (Lui o Lei) in persona a farti visita”.

(B e n v e n u t o)

Il Dottor Clint e Milo

A volte un "ospite inatteso" può presentarsi sotto forma di una sfida che arriva nella nostra vita.

Per Il Dottor Clint è stata una sfida quando il Dottor Naram morì e si sentiva molto solo. La mattina dopo il servizio di preghiera per il Dottor Naram, il Dottor Clint camminava molto triste per le strade di Mumbay. Improvvisamente un cane si presentò al suo fianco per non lasciarlo più. Presto diventò il suo migliore amico e questo cane, Milo, ricordò al Dottor Clint che non siamo mai soli, e che i miracoli accadono. Così iniziarono insieme il "gioco di esperimento del miracolo". Ora le persone in tutto il mondo possono giocare insieme per vedere i miracoli accadere nella loro vita applicando gli Antichi Segreti.

("Antichi Segreti di un Maestro Guaritore", pag. 274)

C'è un 'ospite inatteso' o una sfida che è arrivato nella tua vita e ha finito per essere un dono?

Cani

Proprio come le persone, i cani sono disponibili in diverse forme e dimensioni – ognuno è unico e speciale, proprio come te!

Come parte del Gioco di esperimento del miracolo, il Dottor Clint chiede alle persone di dare da mangiare agli animali (soprattutto ai cani, alle mucche e ai corvi).

Le mucche sono l'animale preferito in molti paesi; sono considerate simbolo di ricchezza, forza e abbondanza.

Cosa è più importante nella vita?

Per il Dottor Naram le 3 cose più importanti nella vita sono:
- Sapere cosa si vuole
- Ottenere ciò che si vuole
- Godere di ciò che si è raggiunto

Gli Antichi Segreti possono aiutarci ad ottenerle tutte e tre.

("Antichi Segreti di un Maestro Guaritore", pag. 209)

Credi in te stesso

"Negli ultimi seimila anni di storia dell'umanità, il più grande bisogno che le persone hanno non è l'amore, ma la comprensione" - Dott. Naram

("Antichi Segreti di un Maestro Guaritore", pag. 72)

Opera di Paras Aggarwal, 14 anni

QUAL È UN ALTRO ANTICO SEGRETO PER ESSERE FELICI?

sempre grati!

•LA GRATITUDINE•

Elenca 3 cose per cui sei grato:

1)

2)

3)

Elenca 3 cose che ti fanno felice:

1)

2)

Benedetto!

3)

Quando sei grato, la paura sparisce
e appare l'abbondanza)

"Non importa quanto sia grande il problema o la difficoltà, mai perdere mai la speranza!"

- Baba Ramdas (Maestro del Dottor Naram)

I dott. Pankaj e Smita Naram con Baba Ramdas

("Antichi Segreti di un Maestro Guaritore", pag. 4)

Fiore di Loto

"Il mio maestro disse che come il candido fiore bianco del loto emerge dal fango scuro per condividere la sua luminosità e fragranza con tutti noi, allo stesso modo questi Antichi Segreti di guarigione devono diffondersi per rivelare la loro più profonda bellezza e il loro potere curativo a tutta l'umanità. È semplicemente una scuola di pensiero a cui chiunque può unirsi e trarne beneficio - imparando come aiutare se stessi e gli altri a guarire sempre più in profondità." - Dr. Naram

("Antichi Segreti di un Maestro Guaritore", pag. 252)

L'Albero della Vita

La Fondazione Antichi Segreti ha la missione di aiutare e proteggere animali, alberi, orfani, piante e tutta la vita.

Questi meravigliosi orfani del Nepal stanno realizzando dei braccialetti per mostrare il loro sostegno alle persone colpite da un terremoto.

La Fondazione Antichi Segreti aiuta a sostenere bambini come questi con beni necessari come scarpe e abbigliamento, materiali educativi, amore e supporto.

Denny e Gill

Denny e Gill sono cresciuti in orfanotrofio e più tardi sono diventati grandi amici. Insieme hanno scoperto che L'AMORE può superare qualsiasi sfida! Scopri come ispirano persone di tutto il mondo nel nuovo libro, "L'amore è l'unica verità".

La nostra amata Gill lancia in aria i cappelli che ha realizzato con amore per gli orfani del Nepal

"Fai il tuo lavoro come fosse una preghiera. Fare il lavoro che ami ti fa sentire giovane a qualsiasi età."
Dottor Naram

("Antichi Segreti di un Maestro Guaritore", pag. 80)

Godere di ogni momento

"Dio è dentro ognuno di noi, e tutti abbiamo uno scopo da scoprire." - Baba Ramdas (Maestro del Dott. Naram)

La missione del Dottor Naram: "Portare il beneficio degli Antichi Segreti in ogni casa e in ogni cuore sulla terra."

Disegna la tua visione di una terra felice.

La Dott. Smita Naram, il Dott. Pankaj Naram ed il loro figlio Krushna Naram

La meravigliosa ricetta del Dott. Naram della zuppa di fagioli mung

Dopo aver eseguito questa ricetta base, potete sperimentarla con alcune piccole modifiche, per scoprire la ricetta perfetta per voi.

(Nota: È molto importante leggere le etichette su tutte le spezie ed altri prodotti che vorrete aggiungere, al fine di evitare conservanti e alimenti troppo lavorati. Essi dovrebbero essere senza glutine, latticini e zuccheri raffinati).

Ingredienti:

- 1 tazza intera fagioli verdi mung secchi
- 2 tazze acqua + 1-1/2 cucchiaini di sale
- 1 cucchiaio Ghee (burro chiarificato) di mucca o olio di girasole
- 1 cucchiaino Semi di Senape Nera
- 2 pizzichi Hing (chiamato anche Asafoetida)
- 1 Foglia di alloro
- 1/2 cucchiaino curcuma in polvere
- 1 cucchiaino cumino in polvere
- 1 cucchiaino polvere di coriandolo
- 1 pizzico pepe nero
- 1-1/2 cucchiaino zenzero fresco, tritato finemente o zenzero in polvere
- 1/2-1 cucchiaino o 1 spicchio d'aglio fresco finemente tritato o aglio in polvere
- 2 tazze acqua – da aggiungere dopo la cottura dei fagioli
- 3 pezzi Kokum (prugna secca della giungla)
- Sale a piacere quando servito a tavola
- Facoltativo: 1 tazza carote tritate; 1 tazza sedano a dadini

Preparazione:

1. Risciacquare, rimuovere eventuali scorie e quindi immergere i fagioli mung in acqua durante la notte. (Aggiungere 1 cucchiaino di bicarbonato di sodio per aiutare a ridurre il gas).
2. Scolare e sciacquare i fagioli mung, aggiungere la quantità indicata di acqua e sale, quindi cuocere in una pentola a pressione finché diventano teneri. Ci vogliono circa 25 minuti, a seconda del tipo di pentola a pressione (i fagioli devono essere rotti).
3. Oppure usare una normale pentola profonda, ci vorranno 40-45 minuti affinché i mung siano completamente cotti. Portare a ebollizione, poi continuare la cottura a fuoco basso con il coperchio. Aggiungere Kokum, carote e sedano dopo 25 minuti.
4. Mentre i fagioli cuociono, dopo circa 20 minuti, scaldare l'olio o il ghee (burro chiarificato) in un'altra pentola profonda a fuoco medio fino a quando non si scioglie. Aggiungere i semi di senape.
5. Quando i semi cominciano scoppiettare, aggiungere hing (asafoetida), foglia di alloro, curcuma, cumino, coriandolo, zenzero, aglio, un pizzico di pepe nero e miscelare delicatamente, mescolando bene.
6. Abbassare il gas al minimo. Cuocere a fuoco lento circa 10 minuti – facendo attenzione a non farli bruciare.
7. Trasferire i fagioli cotti con 2 tazze di acqua fresca nella pentola con gli ingredienti bollenti.
8. Portare ad ebollizione, quindi cuocere a fuoco lento per altri 5-10 minuti. Gustateli! Possono essere serviti con riso basmati.

Ricetta da: Antichi Segreti di un Maestro Guaritore

Guardate il video della preparazione di questa zuppa, di altre ricette e altro ancora su: MyAncientSecrets.com

Come puoi scoprire di più sugli Antichi Segreti?

Importanti informazioni di contatto e link:

Per ottenere la tua copia del libro "Antichi Segreti di un Maestro Guaritore" e partecipare alla community o ad uno dei nostri corsi visita:
MyAncientSecrets.com

Corsi e Formazione:

Corso di 100 Giorni di Antichi Segreti

Scopri e applica nella tua vita antichi segreti di guarigione specifici. Scopri di più sulle basi di Ayurveda/ Siddha-Veda. Questa esperienza di apprendimento è comprensiva di video educativi, rimedi casalinghi, marma, e molto altro ancora!

Esperienza di 30 Giorni di Esperimento di Miracoli (MEE)

Ora in inglese, spagnolo, russo e italiano! Sblocca il tuo antico potere segreto. Sperimenta una salute più vibrante, un'energia illimitata e pace della mente. Una divertente esperienza interattiva di gruppo.

Scopri ancora di più su MyAncientSecrets.com

  ## Community:

Tutte le domeniche chiamata gratuita del miracolo globale
Unisciti dal vivo ogni domenica su Zoom o sulla pagina Facebook del Dott. Clint. Orario: 8 AM Pacifico/11AM Berlino/Roma.

Fondazione Antichi Segreti

I proventi di questo libro vanno a beneficio dei bambini orfani in Nepal e di importanti progetti che aiutano Antichi Segreti a favore di persone in tutto il mondo. Se ti senti ispirato a fare volontariato o a sostenerci in qualsiasi modo sei pregato di compilare il modulo per aderire al Miracle Dream Team su: www.MyAncientSecrets.com Oppure inviaci una email a: team@myancientsecrets.com

*Dichiarazione di non responsabilità

*Tutti i contenuti sono stati creati a titolo puramente informativo. Il contenuto non intende essere un sostituto di consulenza medica professionale, diagnosi o cura. Chiedete sempre il parere del vostro medico curante o di altri medici qualificati per qualsiasi domanda inerente una condizione medica. Mai ignorare la consulenza medica professionale o ritardare nella ricerca a causa di qualcosa che avete letto in questo libro.

Con la speranza che abbiate gradito questa versione degli Antichi Segreti per Bambini – Libro da Colorare e Attività!

"Non sono venuto per insegnarti. Sono venuto per amarti. L'Amore sarà il tuo maestro."

"Ti amo e sono con te"

"Essere inarrestabile!"

"Gli Antichi Segreti di un Maestro Guaritore" è stato tradotto in oltre 30 lingue!

MyAncientSecrets.com

www.ingramcontent.com/pod-product-compliance
Lightning Source LLC
Chambersburg PA
CBHW081756100526
44592CB00015B/2460